Jacqueline Heintz / Sophie Heintz

Endlich bin ich ein Schulkind!

Arbeitsblätter zur Schaffung von Lernvoraussetzungen für die Schule

Kopiervorlagen

Gedruckt auf umweltbewusst gefertigtem, chlorfrei gebleichtem
und alterungsbeständigem Papier

3. Auflage 2022
© by Brigg Verlag KG, Friedberg
Alle Rechte vorbehalten.
Das Werk und seine Teile sind urheberrechtlich geschützt.
Jede Nutzung in anderen als den gesetzlich zugelassenen Fällen bedarf der vorherigen schriftlichen Einwilligung des Verlages.
Hinweis zu §§ 60 a, 60 b UrhG: Weder das Werk noch seine Teile dürfen ohne eine solche Einwilligung an Schulen oder in Unterrichts- und Lehrmedien (§ 60 b Abs. 3 UrhG) vervielfältigt, insbesondere kopiert oder eingescannt, verbreitet oder in ein Netzwerk eingestellt oder sonst öffentlich zugänglich gemacht oder wiedergegeben werden. Dies gilt auch für Intranets von Schulen.
Layout/Satz: PrePress-Salumae.com, Kaisheim

ISBN 978-3-95660-**044**-9

www.brigg-verlag.de

Inhalt

Heintz/Heintz · Endlich bin ich ein Schulkind! · Best.-Nr. 044
© Brigg Verlag KG, Friedberg

Vorwort für alle, denen ein Schulkind anvertraut ist

„Endlich bin ich ein Schulkind!“, haben Sie diesen Stoßseufzer von Ihrem Schützling schon gehört? Sie als Erzieher/-in, Lehrer/-in oder Eltern hören ganz genau hin: Freude schwingt bei diesem Satz in der Kinderstimme, aber auch die Sorge des Kindes, ob es denn alles schaffen wird, was Sie von ihm verlangen.

Dieses Buch hilft Ihnen dabei, Ihrem Schützling mit gezielten Aufgaben die Angst vor der Schule zu nehmen und ihn optimal auf die Anforderungen vorzubereiten. Hier bekommen die Kinder das erforderliche Rüstzeug für einen erfolgreichen Schulbesuch:

- Die Schulanfänger sprechen im Satz und lernen das Zuhören.
  Sie differenzieren so, wie die Schüler später die Buchstaben unterscheiden.
- Die Kinder schulen die Feinmotorik, denn diese Übungen bereiten optimal auf das Schreiben vor.
- Sie arbeiten mit Mengen und Zahlen, damit ihnen das Rechnen leichter fällt.

Wir wünschen Ihnen, ganz besonders Ihrem Schulkind, viel Spaß beim Knobeln, Basteln und spielend Lernen.

Jacqueline und Sophie Heintz

Heintz/Heintz · Endlich bin ich ein Schulkind! · Best.-Nr. 044
© Brigg Verlag KG, Friedberg

1.1 Weitererzählgeschichten

Hier ist jeweils der Anfang einer Geschichte vorgegeben, die aus dem Erlebnisbereich der Kinder stammt. Auf diese Weise identifizieren sich die Kinder mit den Personen in der Geschichte und urteilen über deren Verhalten. Die Kinder können versuchen, den Inhalt nachzuerzählen und entsprechend weiterzudichten. Sie schulen so ihr sprachliches Ausdrucksvermögen, sprechen in Sätzen und bauen Hemmungen ab. Die Kinder, die nicht sprechen, lernen, anderen aufmerksam zuzuhören und auf das Gesagte einzugehen.

Es ist möglich, die Geschichte im Gesprächskreis zu vervollständigen, indem jeder reihum einen Satz sagt, der die Erzählung fortführt.

Heintz/Heintz · Endlich bin ich ein Schulkind! · Best.-Nr. 044
© Brigg Verlag KG, Friedberg

Mamas Vase

Willi und Emil sind zum ersten Mal allein zu Hause. Die Eltern sind essen gegangen und werden spät zurückkommen. Mama wollte erst nicht, aber Willi sagte: „Wir sind doch schon groß! Du kannst dich auf uns verlassen.“
Aber kaum sind Mama und Papa weg, machen die Brüder das, was Eltern nicht gern sehen: Sie spielen nämlich in der kleinen Wohnung „Starker Ritter und flinker Räuber“! Emil, der flinke Räuber, saust geschwind um die Ecken und versteckt sich im Wohnzimmer hinter Mamas großer Lieblingsvase mit dem goldenen Rand und den bunten Blumen. Sie hat die kostbare Vase voriges Jahr von Oma zum Geburtstag geschenkt bekommen.
Ritter Willi sucht Emil schon lange, aber da … Er hat doch etwas gehört! War das nicht im Wohnzimmer hinter Mamas Vase? Vorsichtig schleicht er sich an. „Jetzt habe ich dich!“, schreit Willi laut. Erschrocken springt Räuber Emil kerzengerade auf. Die Vase kippelt mächtig und mit einem lauten „Klirr!“ kippt sie um.
Ein riesiger Scherbenhaufen liegt jetzt dort, wo einmal die Vase gestanden hat.
Leise dreht sich ein Schlüssel in der Wohnungstür. Mama und Papa sind zurück!

Heintz/Heintz · Endlich bin ich ein Schulkind! · Best.-Nr. 044
© Brigg Verlag KG, Friedberg

So ein Angeber!

Karla hat zu ihrem Geburtstag einen tollen gelben Ball von Oma Elli geschenkt bekommen. Freudig spielt sie damit auf dem Spielplatz vor dem Rathaus. Da kommt Ralf. Karla fragt ihn: „Hallo, Ralf, willst du mitspielen?“ Aber der Junge antwortet nur: „Mit diesem Ball? Der ist doch viel zu klein! Zu Hause habe ich einen doppelt so großen!“ Karla hält ihren Ball in die Höhe: „ Schau nur, er leuchtet richtig, so schön gelb ist er! Wie eine Sonne.“ Ralf schnaubt durch die Nase und setzt sich auf die Rutsche. „Meiner zu Hause ist gelb und grün und rot und blau. Überhaupt hat er alle Farben, die es auf der Welt gibt!“ Karla versucht, ihn zu überreden: „Der Ball springt ganz hoch. Sieh nur her!“ Der Junge schüttelt eingebildet den Kopf: „Das ist noch gar nichts! Meiner fliegt bis in die Wolken, wenn ich will!“

Heintz/Heintz · Endlich bin ich ein Schulkind! · Best.-Nr. 044
© Brigg Verlag KG, Friedberg

Dick und dünn

Auf dem Spielplatz steht ein neues Klettergerüst. Alle Kinder aus der Umgebung drängeln sich davor und natürlich will jeder hinaufklettern. Boris, der schon immer ein wenig kleiner und dünner als andere Kinder war, wird von hinten weggedrängelt. „He, ich war zuerst hier!“, ruft er, so laut er kann. Andi, der genauso alt ist wie Boris, aber doppelt so schwer, schiebt ihn einfach weg. „Na und, du Zwerg! Aber ich bin viel größer und stärker als du!“ Boris wird sehr wütend: „Aber ehe du oben bist, ist Weihnachten, du … du Dickmann!“, faucht er ihm ins Gesicht. Andi wird ganz rot und schnaubt zurück: „Hau ab, du dünner Hering! Du musst doch Angst haben, dass es dich dort oben wegweht! Du bist doch nur ein Strich in der Landschaft!“ Boris zieht ihn so fest er kann am Ärmel und ruft: „Nein! Ich habe nur Angst davor, dass du mich überrollst, du dickes Schwein!“

Heintz/Heintz · Endlich bin ich ein Schulkind! · Best.-Nr. 044
© Brigg Verlag KG, Friedberg

Spielen wir zusammen?

Die Mütter von Hendrik und Uwe sind befreundet und treffen sich jeden Dienstag zum Kaffee. Während sich die beiden Frauen viel zu erzählen haben, sollen die Jungs miteinander spielen. Heute sind sie in Uwes Kinderzimmer. Hendrik hat sich still in eine Ecke gesetzt und holt ein kleines Plastikauto aus seiner Hosentasche: Einen gelben Käfer.
Uwe schaut kurz zu ihm hin und kramt in seiner riesigen Spielkiste. Endlich hat er gefunden, was er sucht. Langsam zieht er ein nagelneues Ferrari-Modellauto heraus. Uwe macht die lauten Motorgeräusche nach und fährt mit dem Auto in großen Bahnen über den flauschigen, weißen Teppich.
Nach einer Weile gibt sich Hendrik einen Ruck und geht zu Uwe hinüber. „Darf ich mitspielen?“, fragt er leise und zeigt auf sein Käferauto. „Nein!“, antwortet Uwe, „Ich gewinne sowieso und außerdem brauche ich den ganzen Platz für mich!“ Aber Hendrik gibt nicht auf: „Ich wollte doch nur mitspielen. Ich will doch überhaupt nicht gewinnen … Bitte. Nur eine einzige Runde, bitte.“ Uwe wird wütend: „Nein, habe ich gesagt!“

Heintz/Heintz · Endlich bin ich ein Schulkind! · Best.-Nr. 044
© Brigg Verlag KG, Friedberg

Riesengeschenke

Lars hat bald Geburtstag. Endlich wird er sechs Jahre alt! Jeder in der Familie hat ihn gefragt, was er sich denn zu seinem Geburtstag wünscht.
Lars möchte von Opa und Oma ein Sofa, von Tante und Onkel ein neues Fahrrad, von der Cousine einen Computer mit zweihundert Spielen und von Mama und Papa ein großes weißes Pferd. „Das ist schon alles, was ich mir wünsche“, meint Lars und überlegt noch eine Weile, ob ihm nicht doch noch etwas einfällt.

Am Morgen seines Geburtstages ist Lars ganz aufgeregt und kann es kaum erwarten, bis alle da sind. Endlich klingelt es an der Tür. Alle Gäste sind gekommen: Oma und Opa, Tante und Onkel und die Cousine. Doch wo sind die Geschenke?

Heintz/Heintz · Endlich bin ich ein Schulkind! · Best.-Nr. 044
© Brigg Verlag KG, Friedberg

Lucy möchte einen Hund

Seit sie denken kann, wünscht sich Lucy einen Hund. Ihre Freundin hat vor Kurzem einen kleinen Welpen bekommen und der ist so süß, so tollpatschig, so niedlich, so aufregend - also einfach wunderbar!
„So einen Hund möchte ich auch! Wie der aus der Werbung", sagt Lucy eines Tages beim Abendbrot mit fester Stimme. Ihre Eltern blicken sich an. Mama seufzt: „So ein Tier braucht viel Auslauf, Lucy. Diese Zeit haben wir einfach nicht." „Aber ich", meint Lucy, „ ich gehe vor dem Frühstück, nach der Schule, am Nachmittag, jeden Abend und vor dem Schlafengehen eine Gassi-Runde. Ich schwöre es!" Papa lächelt etwas: „Ein Hund ist ganz schön teuer: Er frisst nicht nur, man muss auch Hundesteuer bezahlen und den Tierarzt." Lucy gibt nicht auf: „Ihr braucht mir auch nie in meinem ganzen Leben Taschengeld geben, das können wir für den Hund sparen. Bitte, bitte!" Doch was sie auch sagt, die Eltern wollen einfach keinen Hund. Traurig geht Lucy nach dem Abendbrot noch ein wenig in den Garten.
Aber was ist das? Wie ein kleiner weißer Fleck lugt ein lustiges Hundegesichtchen mit großen Kulleraugen hinter ihrem Apfelbaum hervor! Tatsächlich, ein Hundebaby!

Heintz/Heintz · Endlich bin ich ein Schulkind! · Best.-Nr. 044
© Brigg Verlag KG, Friedberg

1.2 Fantasiereise: Im Wald

Fantasiereisen dienen der Entspannung. Die Kinder können dabei liegen oder sitzen, während der Lehrer vorliest. Einige aktive Fantasiereisen werden in Partnerarbeit mitgemacht, indem ein Kind die angegebenen Bewegungen auf dem Rücken des anderen Kindes durchführt.

Schließe die Augen und stell dir vor, du bist auf einer kleinen Lichtung im Wald. Ringsherum stehen viele hohe Bäume. Der Boden, auf dem du stehst, ist ganz und gar mit jungem Gras bedeckt. Du stehst barfuß wie auf einem grünen Teppich. Es kitzelt zwischen deinen Zehen. Mitten über die Lichtung schlängelt sich ein kleiner Bach. Das Wasser ist klar und plätschert über viele runde Steinchen. Du setzt dich an den Rand des Baches und lässt deine Füße ins Wasser gleiten. Das Wasser ist frisch, aber nicht kalt.

Du schließt die Augen und hörst eine Weile dem leisen Rauschen zu. Du bist still und hörst ein paar Tiere: Ein kleines Käuzchen ruft. Ein Specht klopft an einen hohlen Baum.

Leise raschelt es im Gebüsch, doch du hast keine Angst. Langsam gehst du Schritt für Schritt auf den Busch zu. Du schiebst vorsichtig einige Blätter zur Seite. Ein kleines Kätzchen sitzt ängstlich zitternd am Boden. Behutsam hebst du es hoch. Es miaut ganz leise. „Hab' keine Angst, kleines Kätzchen …“, flüsterst du ihm zu und drückst es ganz sacht an dich. Zart streichelst du über das weiche Fell. Es ist so weich, wie du noch nie etwas gespürt hast.

„Ich nehme dich erst einmal mit zu mir“, flüsterst du dem Kätzchen ins Ohr. Das kleine Katzenherzchen pocht so laut, dass du es beinahe hören kannst. Vorsichtig hältst du das Kätzchen in deinen Händen.

Du gehst langsam weiter auf dem weichen Gras. Zwischen den großen Bäumen fallen manchmal Lichtstrahlen auf die Erde. Du weißt nicht, wie lange du gehst. Schritt für Schritt. Das kleine, leichte Kätzchen an dich gedrückt. Ab und zu streichelst du über das weiche Fell. Dann kommt es dir so vor, als würde das Herzchen ein wenig ruhiger schlagen. Du freust dich darüber und lächelst. Schon siehst du das Haus, in dem du wohnst. Du läufst nun schneller darauf zu. Sei vorsichtig und halte das Kätzchen fest! Es dauert nicht mehr lange und du bist wieder zu Hause.

Heintz/Heintz · Endlich bin ich ein Schulkind! · Best.-Nr. 044
© Brigg Verlag KG, Friedberg

1.3 Fühlspiele tun mir gut

Bei Fühlspielen sitzen alle Kinder so im Kreis, dass sie den Rücken des Vordermannes vor sich haben. Der Lehrer spricht den Text so langsam, dass die Kinder die dazugehörigen Bewegungen in Ruhe ausführen können.

Nilpferd Emmi hat heute Badetag

Text	Bewegungen
Wir gehen heute in den Zoo.	Fingerspitzen laufen über den Rücken
Nilpferd Emmi soll geduscht und abgeschrubbt werden. Mit großen Schritten tapst Emmi herein …	Handballen in Schrittbewegung
… und setzt sich hin.	Stopp
Tierpfleger Holger kommt mit dem Schlauch und spritzt Emmi von oben bis unten ab. Sie genießt das Duschen.	Fingerspitzen tippen
Nun holt Holger einen großen Besen und schrubbt und schrubbt den Nilpferdrücken - so lange, bis der ganze Dreck ab ist.	Fingernägel kratzen vorsichtig
Danach wird Emmi noch einmal abgespritzt …	Fingerspitzen tippen
… und schon ist das Shampoo dran! Tierpfleger Holger massiert Emmi sanft und langsam. Und wie das große Nilpferd das genießt!	Fingerspitzen massieren, reiben
Noch einmal wird Emmi abgespritzt …	Fingerspitzen tippen
… und nun ist sie sauber und fühlt sich wohl. Mit großen Schritten tapst Nilpferd Emmi wieder zurück ins Gehege.	Handballen in Schrittbewegung

Heintz/Heintz · Endlich bin ich ein Schulkind! · Best.-Nr. 044
© Brigg Verlag KG, Friedberg

So ein Aprilwetter!

Text	Bewegungen
Balduin, der kleine Kater, möchte draußen spazieren gehen. Als er zur Haustür hinausgeht, scheint die Sonne und kitzelt ihn auf dem Rücken.	sanftes Streichen der Fingerspitzen
Eine Weile später ist Balduin bereits auf dem Feld. Leichter Wind kommt auf.	vorsichtig in den Nacken pusten, mit den Handflächen über den Rücken streichen
Doch der Wind wird immer stärker, bis sich Balduins Fell sträubt.	stärkerer Druck der Handflächen
O nein! Jetzt fängt es sogar an zu regnen!	mit den Fingerspitzen leicht tippen
Nun gießt es wie aus Eimern.	schneller tippen
Balduin rennt, so schnell er kann, in den Wald und wartet, bis der Regen nachlässt. Bald tropft es nur noch.	langsamer tippen, aufhören
Klatschnass läuft unser kleiner Kater Balduin durch den Wald. Zum Glück scheint jetzt wieder die Sonne und kitzelt seinen Rücken. Nun kann er beruhigt nach Hause gehen und sich in sein Körbchen legen.	mit den Fingerspitzen streichen

Heintz/Heintz · Endlich bin ich ein Schulkind! · Best.-Nr. 044
© Brigg Verlag KG, Friedberg

Ich bastle eine Kartoffelpuppe

Kartoffelpuppen können Sie mit den Kindern sehr schnell anfertigen. Es lohnt sich, die Puppen in einem Stegreifspiel gleich auszuprobieren. Wer möchte, kann das kleine Spiel auf Seite 16 mit den Kindern einüben. Hier werden auch einige Kartoffelprodukte genannt. Die Kinder erzählen von ihren eigenen Erfahrungen mit Kartoffelgerichten und geben ein Urteil ab.

Das braucht jedes Kind für seine Kartoffelpuppe:

- eine große Kartoffel
- kleine Zweige
- 2 Schaschlikspieße
- Stoffrestchen oder ein Rechteck aus Krepppapier (etwa 20 cm x 30 cm)
- ein Stück Geschenkband
- ein Streifen gelbes Tonpapier (für die Krone)
- Schere
- Leim

So wird die Kartoffelpuppe von den Kindern gebastelt:

- Die kleinen Zweige werden in Stückchen gebrochen oder mit der Schere zerschnitten. Damit gestalten die Kinder nach ihrem eigenen Geschmack das Gesicht und die Haare der Kartoffelpuppe.
- Die Kartoffel wird nun, notfalls mit Ihrer Hilfe, auf die beiden Schaschlikstäbe gespießt. So können die Kinder die Puppe später gut halten.
- Die Kinder legen das Rechteck aus Krepp um die Schaschlikstäbe. Mit dem fest geknoteten Geschenkband hält der Umhang der Puppe sehr gut.
- Zuletzt schneiden die Kinder in eine lange Seite des gelben Tonpapiers Zacken hinein. Der Papierstreifen wird zu einer Krone gebogen, zusammengeklebt und auf den Kopf der Kartoffelpuppe gesetzt.

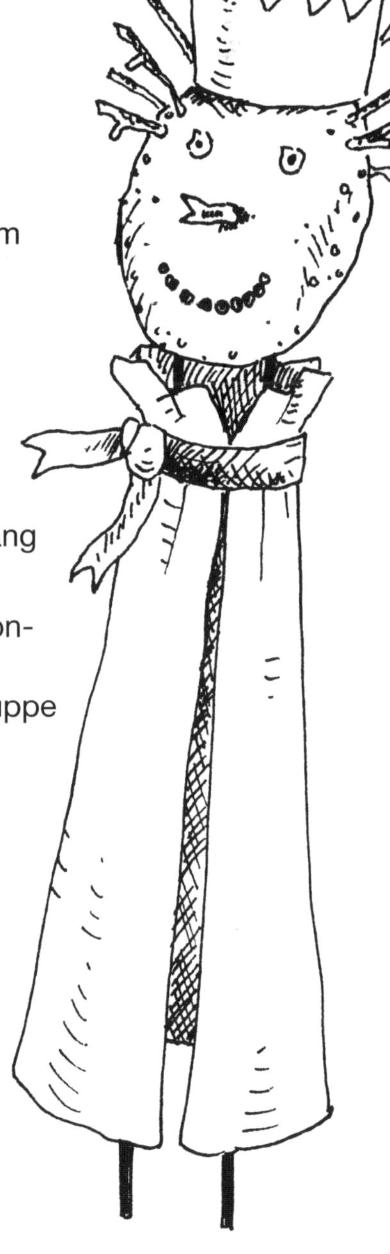

Heintz/Heintz · Endlich bin ich ein Schulkind! · Best.-Nr. 044
© Brigg Verlag KG, Friedberg

Ein Spiel für einen Kartoffelherzog und eine Kartoffelherzogin

Herzog Oh! Guten Abend, mein Zuckermäuschen. Was machst du denn so spät hier?

Herzogin Ich kann nicht schlafen, weil ich nicht weiß, was ich einmal werden soll. Kannst du mir helfen?

Herzog Natürlich, mein Schmusebärchen. Lasse mich nur eine Weile überlegen: Wie wäre es mit einer Pellkartoffel?

Herzogin Eine Pellkartoffel! Ich hasse mein braunes Kleid und zeige mich lieber in Buttergelb.

Herzog Na ja, wenn das so ist: Dann wirst du bestimmt eine Salzkartoffel!

Herzogin Damit ich dann mit einer Gabel in die Soße gedrückt werde? Nein, danke!

Herzog Ach, mein Herzchen … Und wenn du nun eine Bratkartoffel wirst? Die drückt man nicht in die Soße.

Herzogin Ich glaube, ich spinne! Dann werde ich ja mit einer Zwiebel gebraten. Mir tränen jetzt schon die Augen!

Herzog Nun, mein Knuddelmäuschen, dann wirst du eben eine Pommes frites.

Herzogin Die sind ziemlich ungesund. Außerdem werde ich dann fettig. Nein, das will ich nicht.

Herzog So, mein Schmetterling, mir fällt nur noch eins ein: Kartoffelbrei. Der ist fein und cremig.

Herzogin Dann lande ich mit einem einfachen Beefsteak auf dem Teller. Oder gar mit Blutwurst. Igitt!

Herzog Nein, leider … Oder ja! Das ist es! Eine Herzoginkartoffel wirst du! Sie ist fein und man isst sie sogar zum Steak. Das ist eine Ehre für eine Kartoffel.

Herzogin Au ja! Ich werde eine Herzoginkartoffel! Danke, nun kann ich beruhigt zu Bett gehen.

Herzog Bitte, bitte. Schlaf gut, mein Schnuckelchen.

Heintz/Heintz · Endlich bin ich ein Schulkind! · Best.-Nr. 044
© Brigg Verlag KG, Friedberg

Ich baue eine Rassel

Rasseln können aus einfachsten Mitteln von den Kindern selbst hergestellt werden und sind vielseitig einsetzbar. Sie können als Rhythmusinstrument zum Taktschlagen eines Kinderliedes oder als „Hintergrundgeräusch" beim Theaterspielen verwendet werden. Rasseln unterstützen auch rhythmisch das Sprechen von Reimen. Das hilft besonders Kindern mit Sprachschwierigkeiten, Stotterern oder Kindern mit Lernproblemen.

Das braucht jedes Kind für seine Rassel:

- 2 gleiche, leere Joghurt- oder Quarkbecher
- Alleskleber
- Füllung (z. B . Reis, Getreide, Erbsen, Linsen)

So wird die Rassel gebastelt:

- Das Kind füllt einen der Becher mit den Hülsenfrüchten bzw. mit dem Getreide.
- Vorsichtig bestreicht es den Rand des gefüllten Bechers mit Alleskleber.
- Nun drückt das Kind den zweiten (leeren) Becher mit dem Rand auf die geleimte Kante. Beide Becher müssen nun noch eine Weile fest aneinander gedrückt werden.

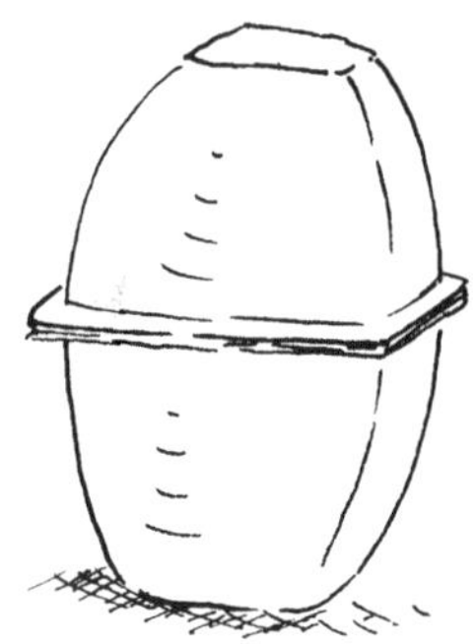

Ein kleines Rasselspiel

Diese Rasseln höre ich im Takt	Das spreche ich
Rasseln mit Reis	Kleine Mäuseschritte tippen, tipp, tipp, tipp, zu der Speisekammer hin. Die Maus will von der Sahne nippen, tipp, tipp, tipp, bald ist sie drin!
Rasseln mit Getreide	Doch die Katz liegt auf der Lauer, tapp, tapp, tapp, sie schleicht sich an. Streift eine bunte Bausteinmauer, tapp, tapp, tapp, nun stößt sie dran!
Rasseln mit Reis und Getreide	Es fallen die Steine auf einen Haufen, tippele tapp, der Lärm ist einfach fürchterlich. Du siehst sie jetzt ganz schnelle laufen, tippele tapp, die Katze und den Mäuserich.

Heintz/Heintz · Endlich bin ich ein Schulkind! · Best.-Nr. 044
© Brigg Verlag KG, Friedberg

Falten mit Servietten: Eine Rose für meine Mama

Das Falten einer Papierrose erfordert ein wenig Fingerfertigkeit. Doch das Ergebnis kann sich sehen lassen: Die Rosen in verschiedenen Größen und Farben wirken trotz einfachster Mittel prächtig. Sie sind ein schönes Geschenk für den Muttertag oder einfach als Dankeschön für zwischendurch.

Das braucht jedes Kind für eine Rose:

- ¼ Serviette (3- oder 4-lagig)
- 1 Geschenkband von ca. 20 cm Länge

So wird die Rose von den Kindern gebastelt:

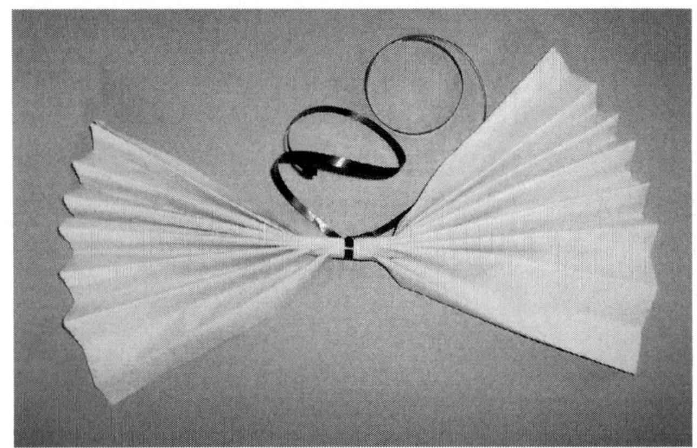

1. Die Kinder falten die Serviette als „Ziehharmonika".
2. Dann wird das Geschenkband um die Mitte der Serviette zweimal fest verknotet. Bitte helfen Sie den Kindern dabei.
3. Wie eine Schleife ziehen die Kinder nun die „Ziehharmonika" auseinander.

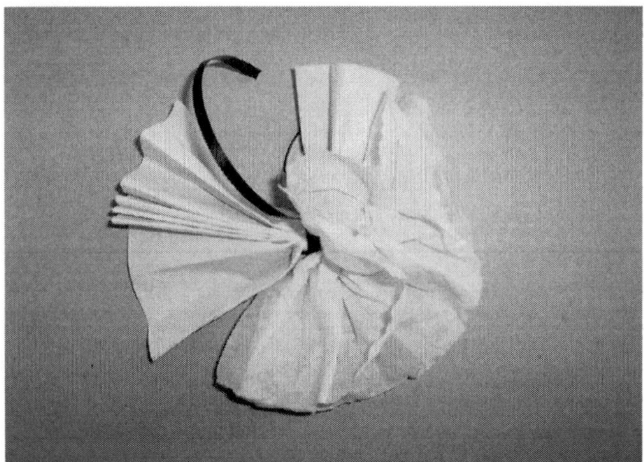

4. Vorsichtig versuchen die Kinder, die einzelnen Lagen der Serviette zu finden und ziehen diese behutsam von außen in Richtung des Knotens. Das machen sie nun auch auf der anderen Seite.

5. Fertige Rose!

Heintz/Heintz · Endlich bin ich ein Schulkind! · Best.-Nr. 044
© Brigg Verlag KG, Friedberg

Ich bastle Bommeln

Beim Herstellen von Bommeln arbeiten die Kinder bereits mit Nadel und Faden. Sie lernen, geduldig und geschickt zu arbeiten. Das Aufschneiden des Fadenkreises, wenn überraschend die eigentliche Bommel entsteht, ist für die Kinder ein Erfolgserlebnis. Sie können ein gemeinschaftliches Bommel-Bild gestalten, aus zwei Bommeln einen Schneemann, einen Osterhasen oder ein Küken basteln. Eine einzige Bommel mit einem längeren Fädchen reicht für ein Lesezeichen oder für eine Taschenbommel.

Das sollten Sie vorbereiten:

- Schneiden Sie Wollfäden von ca. 1,5 m Länge ab und wickeln Sie diese zu kleinen Knäueln.
- Für jedes Kind brauchen Sie 2 gleich große Pappscheiben. In die Mitte der Pappscheiben schneiden Sie jeweils ein gleich großes, rundes Loch, sodass 2 Pappringe entstehen. Der Rand der Ringe sollte ca. 3 cm breit sein. Tipp: Fertige Ringe sind auch im Bastelbedarf erhältlich.

Das braucht jedes Kind für seine Bommel:

- 2 Pappkreise (siehe oben)
- 1 Nadel mit großem Öhr
- 1 Schere
- mehrere kleine Wollknäuel

So wird die Bommel von den Kindern gebastelt:

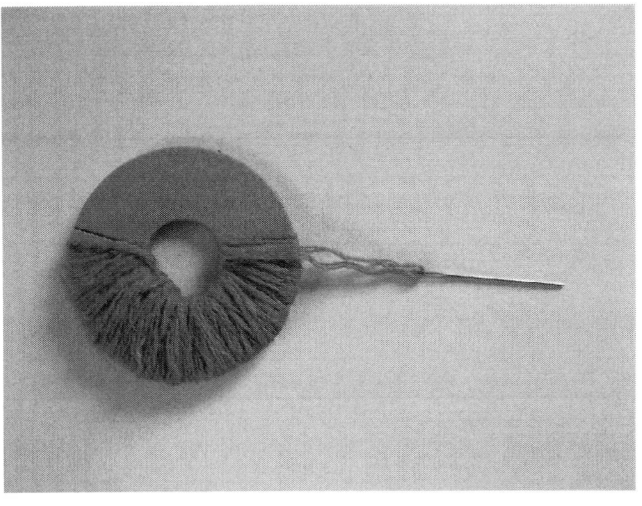

Die Kinder legen die beiden Pappringe aufeinander und ziehen den Wollfaden durch die Mitte. Der Faden wird am Rand verknotet.

Nun umwickeln die Kinder die Pappringe gleichmäßig mit dem Wollfaden. Wird das Loch in der Mitte zu klein, nehmen die Kinder die Nadel zu Hilfe, um den Faden weiter durchzuziehen. Das Loch muss am Ende vollständig geschlossen sein.

Heintz/Heintz · Endlich bin ich ein Schulkind! · Best.-Nr. 044
© Brigg Verlag KG, Friedberg

Die Kinder legen die Nadel beiseite und nehmen die Schere zur Hand. Sie schieben die Spitze der Schere vorsichtig zwischen die beiden Pappringe und schneiden die Wolle außen am Ring entlang auf.

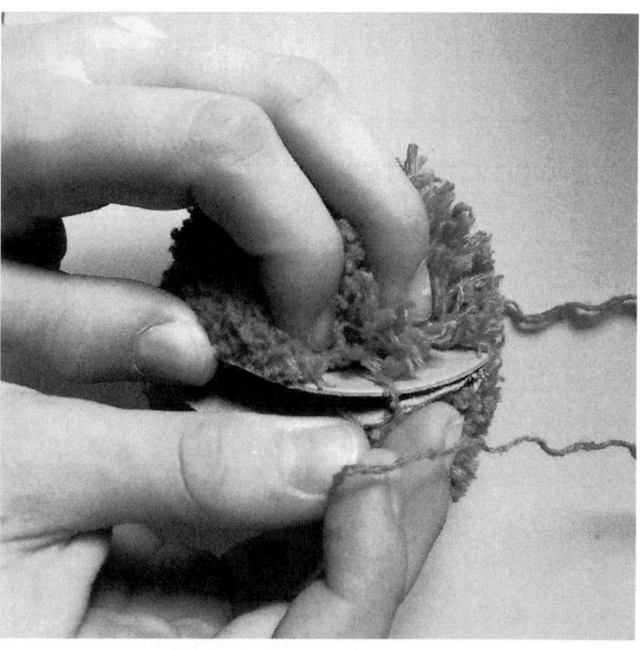

Jetzt sollten Sie den Kindern helfen: Ziehen Sie einen festen Faden zwischen die beiden Scheiben und ein- bis zweimal um die ganzen Wollfäden herum. Den Faden am besten doppelt verknoten.

Schneiden Sie nun die beiden Pappringe vorsichtig ein und lösen sie diese aus der Bommel.

Jetzt sind nur noch ein paar kleine Korrekturen nötig und die Bommel ist fertig!

Heintz/Heintz · Endlich bin ich ein Schulkind! · Best.-Nr. 044
© Brigg Verlag KG, Friedberg

Ich falte einen Papierflieger

Dieses Thema wird vor allen Dingen die Jungen in Ihrer Gruppe ansprechen, denn unsere Flieger sehen nicht nur schnittig aus, sie fliegen auch hervorragend! Zur Weiterführung diese Bastelarbeit können Sie den Flieger mit den Kindern farbig gestalten, einen Weitflug-Wettbewerb durchführen, ein paar Worte zu angewandter Physik sagen oder das Ganze zu einem größeren Flieger-Projekt ausbauen.

Das braucht jedes Kind für einen Papierflieger:

- 1 Blatt DIN-A4, möglichst schwerere Qualität
- 1 Lineal als Falzhilfe

So wird der Flieger gebaut:

1. Falte das Blatt mittig an der langen Seite!
2. Lege es nun im Hochformat vor dich hin und falte die rechte Ecke bis zum Mittelfalz! Wiederhole dasselbe mit der linken Ecke!

3. Wie bei einem Haus erkennst du Wand und Dach. Falte die rechte Dachecke bis zum Mittelfalz! Wiederhole dasselbe nun auch mit der linken Ecke!

Heintz/Heintz · Endlich bin ich ein Schulkind! · Best.-Nr. 044
© Brigg Verlag KG, Friedberg

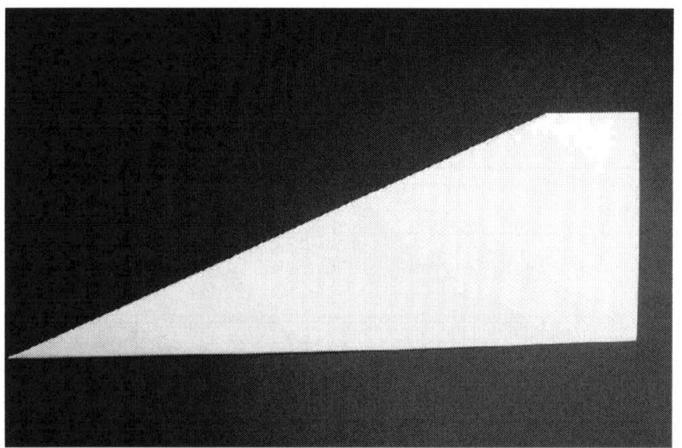

4. Falte nun das Blatt nochmals an dem Mittelfalz. Du erhältst schon einen halben Flieger.

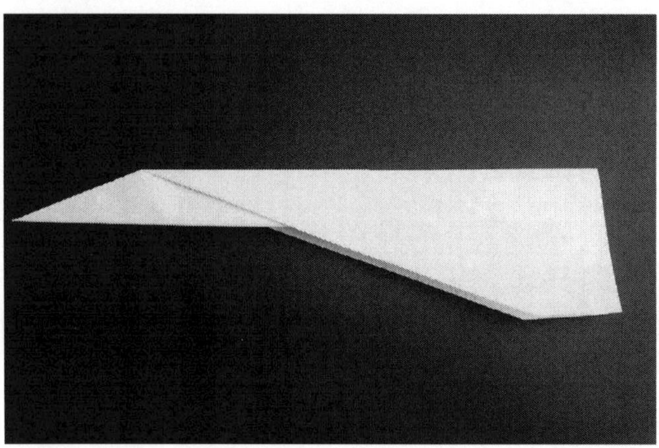

5. Lege ein Lineal mit der langen Kante an den Mittelfalz und halte es mit einer Hand fest! Knicke einen der Flügel an der anderen Kante des Lineals nach unten und falze scharf nach! Drehe dein Flugzeug um und wiederhole dasselbe mit dem anderen Flügel!

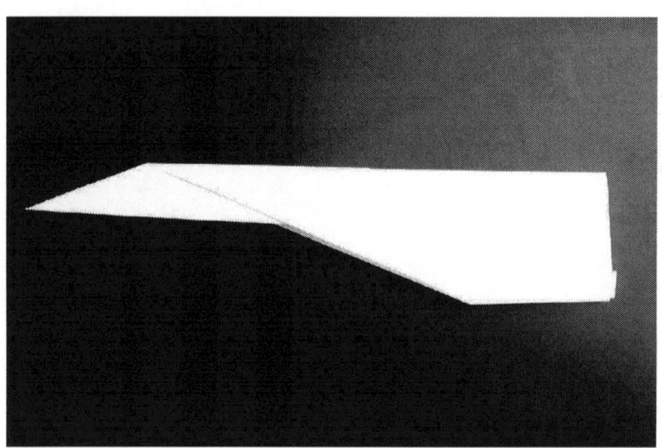

6. Damit dein Flieger besser gleitet, falte die äußeren, kurzen Kanten der Flügel ein wenig nach oben! Auch dazu kannst du ein Lineal benutzen.

7. Biege zuletzt beide Flügel zur Hälfte wieder zurück, sodass sie wie Tragflächen abstehen!

Heintz/Heintz · Endlich bin ich ein Schulkind! · Best.-Nr. 044
© Brigg Verlag KG, Friedberg

Ich kenne die Farben ganz genau

Die Gurke ist grün.

Die Tomate ist rot.

Dieser Schmetterling ist gelb.

Diese Blume ist blau.

Dieses Pferd ist schwarz.

Diese Kuh ist braun.

Die Apfelsine ist orange.

Dieses Haus ist lila.

Dieses Schaf ist weiß.

Dieser Fisch ist rosa.

Heintz/Heintz · Endlich bin ich ein Schulkind! · Best.-Nr. 044
© Brigg Verlag KG, Friedberg

Zählen und zeichnen – alles auf einmal!

Male das 4. Haus von rechts blau an!

Male das 2. Pferd von links braun an!

Male die 5. Blume von links lila an!

Male das Schiff ganz rechts gelb an!

  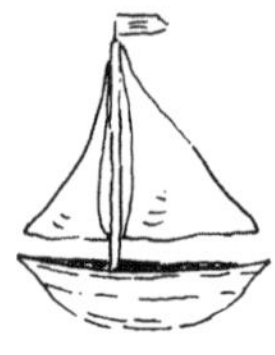  

Male das 3. Auto von rechts rot an!

Male die Gurke ganz links grün an!

Heintz/Heintz · Endlich bin ich ein Schulkind! · Best.-Nr. 044
© Brigg Verlag KG, Friedberg

Meine Viereck-Seite

Für meinen Viereck-Roboter reiße ich Zeitungspapier in kleine Schnipsel und klebe sie auf. Das Gesicht, Knöpfe und Antennen kann ich malen.

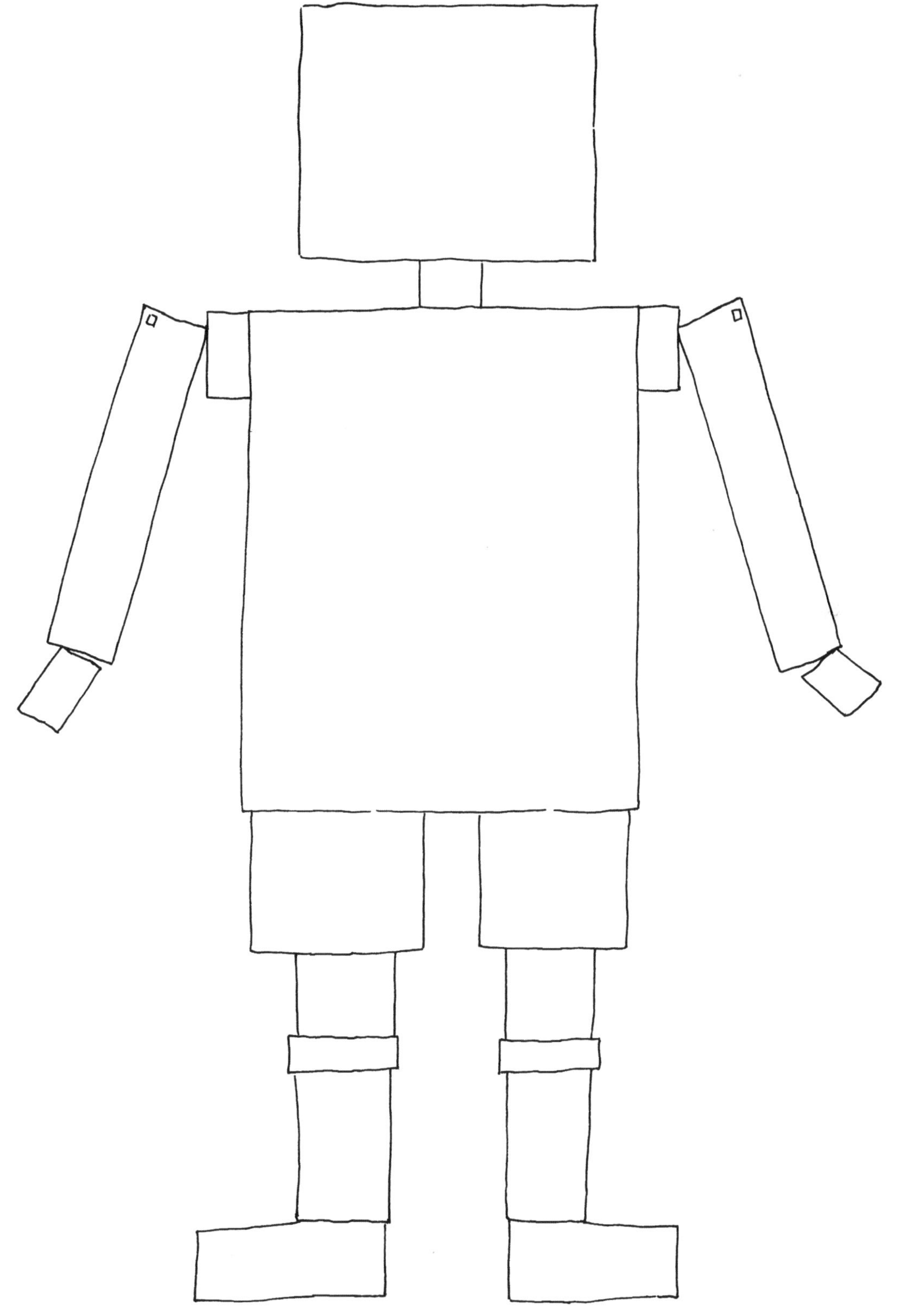

Heintz/Heintz · Endlich bin ich ein Schulkind! · Best.-Nr. 044
© Brigg Verlag KG, Friedberg

Meine Dreieck-Seite

Ich bastle mir einen dreieckigen Papierhut, den ich als schicken Sonnenhut, praktischen Malerhut oder verwegenen Piratenhut benutzen kann.

Dazu brauche ich nur eine einfache Seite Zeitungspapier. Diese falte ich zuerst in der Höhe zu einer Doppelseite. Dann klappe ich die Zeitung in der Mitte zusammen und wieder auseinander. So erhalte ich einen Mittelfalz.

Nun knicke ich beide Ecken bis zum Mittelfalz.

Die untere Lasche falze ich so weit es geht nach oben. Nun wende ich den Hut und mache dasselbe mit der anderen Seite.

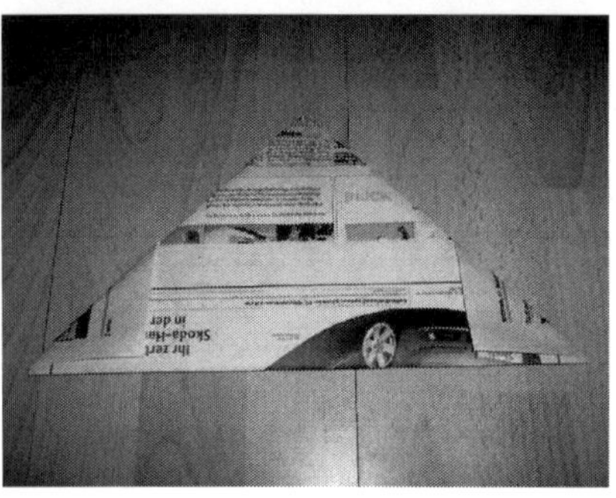

Wenn ich möchte, kann ich die hoch stehenden Ecken nach hinten falten.

Mein Hut, der hat drei Ecken,
drei Ecken hat mein Hut.
Und hätt´ er nicht drei Ecken,
dann wär´ es nicht mein Hut!

Heintz/Heintz · Endlich bin ich ein Schulkind! · Best.-Nr. 044
© Brigg Verlag KG, Friedberg

Meine Kreis-Seite

Mit Kreisen kann ich hier einen wunderschönen, riesengroßen Baum entstehen lassen. Ich brauche dazu nur einen alten, zylinderförmigen Holzbaustein oder einen Korken. Mit grüner Farbe male ich eine der Kreisflächen an und benutze ihn als Stempel.

Heintz/Heintz · Endlich bin ich ein Schulkind! · Best.-Nr. 044
© Brigg Verlag KG, Friedberg

Kreis, Viereck, Dreieck – ich finde dich!

Diese Formen haben sich in den Bildern versteckt.
Ich finde sie und male sie bunt an.

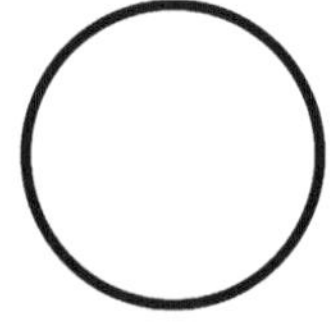

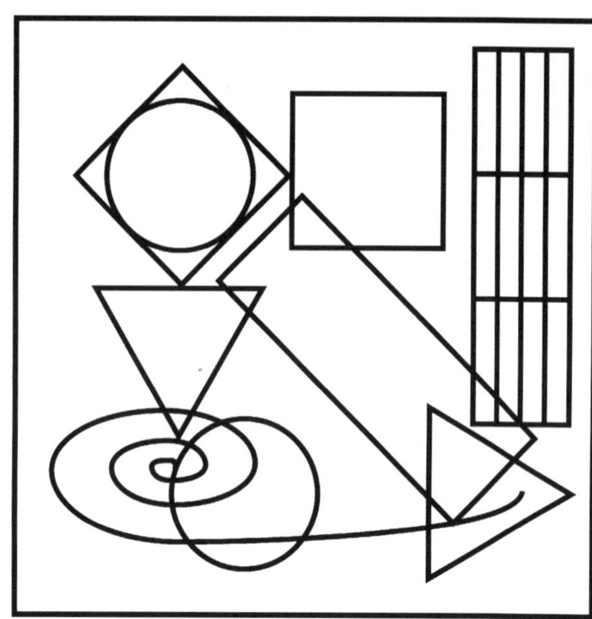

Heintz/Heintz · Endlich bin ich ein Schulkind! · Best.-Nr. 044
© Brigg Verlag KG, Friedberg

Eine verrückte Hochzeitsgesellschaft

Sie lesen den Text vor. Die Kinder erhalten Kopien der Illustration, damit sie jeder vor sich sehen kann. Anhand der Beschreibungen im Text erkennen die Kinder die Personen wieder und benennen diese. Gemeinsam werden die Farben zugeordnet und die Kinder malen die Kleidung entsprechend aus.

Johannes war heute nicht in der Schule. Sein Freund Lars trifft ihn am Nachmittag auf dem Spielplatz und fragt neugierig: „Wo warst du denn am Vormittag?“ „Ich war Blumenkind auf der Hochzeit meiner Cousine“, erzählt Johannes eifrig, „Die ganze Familie war eingeladen und jeder hatte sich besonders fein herausgeputzt. Meine Oma, die sehr klein ist, hatte ein grüngetupftes, langes Kleid an, dazu trug sie eine rote Brille und weiße Stöckelschuhe. Ihr riesengroßer Strohhut mit vielen Früchten darauf war vielleicht lustig!“ Lars lacht: „Und wer war noch da?“ „Mein Onkel Karl. Du weißt schon, der lange, dünne Mann mit Glatze und Schnurrbart. Diesmal trug er einen gelben Anzug mit roter Krawatte. Darin sah er aus wie eine Butterblume!“ Lars hält sich den Bauch vor Lachen, denn er kann sich Onkel Karl gut vorstellen. „Und was hattest du an?“, fragt Lars ganz außer Puste. „Ich sah sehr gut aus.“, behauptet Johannes stolz, „ Mein Anzug war weiß und meine Fliege blau. Meine Mama hatte mich vor der Hochzeit noch einmal ordentlich gekämmt. Meine schwarzen Lackschuhe musste ich noch einmal richtig blank putzen. Das war vielleicht eine Arbeit, sage ich dir!“

Heintz/Heintz · Endlich bin ich ein Schulkind! · Best.-Nr. 044
© Brigg Verlag KG, Friedberg

Ich kenne die Körperteile

Da fehlt doch was!
Ich zeichne die fehlenden Körperteile dazu.

Heintz/Heintz · Endlich bin ich ein Schulkind! · Best.-Nr. 044
© Brigg Verlag KG, Friedberg

Rechts und links - ich weiß Bescheid!

Ich male alle Tassen aus, die den Griff rechts haben.

Ich kreise alle Autos ein, die nach links fahren.

Ich kreuze alle Fische an, die nach rechts schwimmen.

Ich male alle Pfeile, die nach rechts zeigen, blau an und alle, die nach links zeigen, rot an.

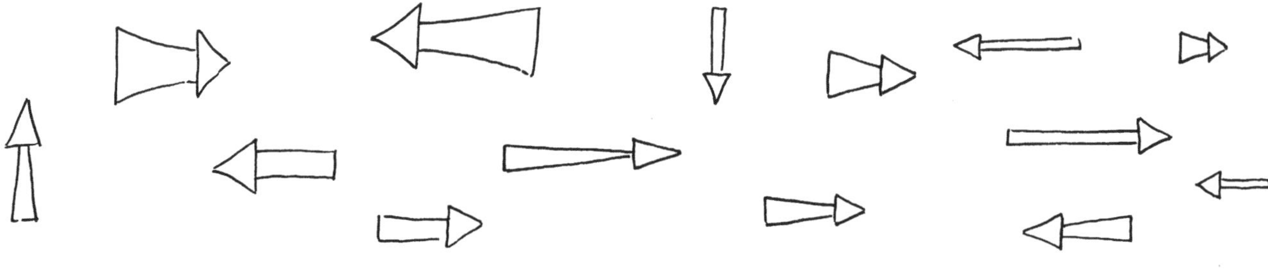

Heintz/Heintz · Endlich bin ich ein Schulkind! · Best.-Nr. 044
© Brigg Verlag KG, Friedberg

Ich vergleiche Bilder

Ich kreise auf jeder Zeile das größte Bild blau, das kleinste Bild rot ein.

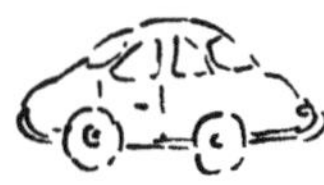

Heintz/Heintz · Endlich bin ich ein Schulkind! · Best.-Nr. 044
© Brigg Verlag KG, Friedberg

Ich vergleiche Mengen

Ich male nur die Seite aus, wo ich die meisten Dinge zähle.

Heintz/Heintz · Endlich bin ich ein Schulkind! · Best.-Nr. 044
© Brigg Verlag KG, Friedberg

Ich kann zählen

Ich zeichne auf der rechten Seite so viele Dinge, wie ich auf der linken Seite zähle.

Heintz/Heintz · Endlich bin ich ein Schulkind! · Best.-Nr. 044
© Brigg Verlag KG, Friedberg

Diese Zahlen kenne ich schon

Ich kreise so viele Dinge ein, wie die Zahl auf der linken Seite sagt.

2	
4	
6	
1	
5	
3	
7	

Heintz/Heintz · Endlich bin ich ein Schulkind! · Best.-Nr. 044
© Brigg Verlag KG, Friedberg

Ich kreise die richtige Zahl ein.

3 5 **2 8**	
1 7 **6 9**	
4 5 **3 1**	
7 8 **10 9**	
3 7 **4 6**	
5 8 **9 10**	

Heintz/Heintz · Endlich bin ich ein Schulkind! · Best.-Nr. 044
© Brigg Verlag KG, Friedberg

Den Zahlen bis 5 ordne ich die Mengen richtig zu

Ich ziehe eine Linie von der Zahl zur Menge.

3

2

5

4

1

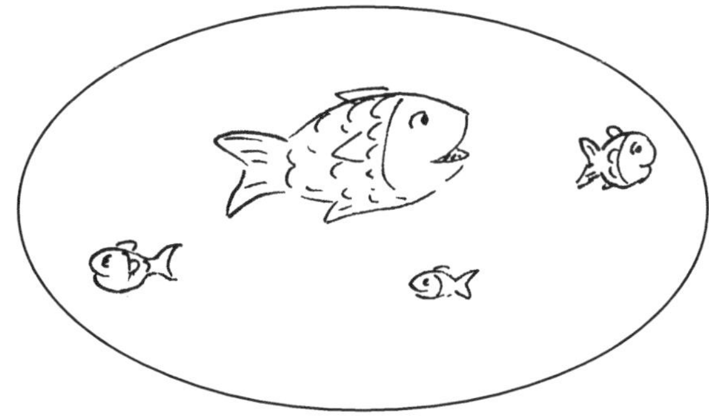

Heintz/Heintz · Endlich bin ich ein Schulkind! · Best.-Nr. 044
© Brigg Verlag KG, Friedberg

Den Zahlen bis 10 ordne ich die Mengen richtig zu

Ich ziehe eine Linie von der Menge zur Zahl.

3

5

4

2

10

6

7

9

1

8

Heintz/Heintz · Endlich bin ich ein Schulkind! · Best.-Nr. 044
© Brigg Verlag KG, Friedberg

6.1 Laufspiel: Das Laufpuzzle hält uns fit!

Dieses Laufspiel ist für die Turnhalle oder für draußen geeignet. Sie können es mit mindestens 3 Kindern und auch in einer großen Gruppe spielen. Lauf- und Erholungsphasen wechseln sich ab, die Kombination mit einem Puzzle fördert die Konzentration und das Gemeinschaftsgefühl der Kinder innerhalb einer Mannschaft.

Das müssen Sie vorbereiten:

- Sie brauchen für jede Mannschaft (jeweils 3 Kinder) ein Puzzle (Kopiervorlage auf der Seite 40).
- Haben Sie eine größere Gruppe, kopieren Sie die Vorlage auf farbiges Papier. Wenn das Puzzle länger halten soll, laminieren Sie die Kopien.
- Zerschneiden Sie nun das Bild in die Puzzleteile.
- Legen Sie im Laufbereich eine Startlinie für die Mannschaften fest.

So wird gespielt:

- Teilen Sie Ihre Gruppe in Mannschaften zu je 3 Kindern auf. Jede Mannschaft erhält eine (Puzzle-)Farbe.
- Legen Sie die Puzzleteile mit der Rückseite nach oben als Häufchen auf die Startlinie.
- Nach Ihrem Signal läuft jeweils das 1. Kind jeder Mannschaft eine ganze Runde.
- Ist dieses Kind wieder an der Startlinie, gibt es dem 2. Kind das Startzeichen. In Ruhe nimmt sich Kind 1 nun ein Puzzleteil seiner Farbe, legt es in die Mitte der Turnhalle und stellt sich wieder an den Start.
- Kind 2 läuft die Runde, lässt Kind 3 starten, legt ein weiteres Puzzleteil an und stellt sich an den Start.
- Bei 12 Puzzleteilen läuft jedes Kind also 4 Runden.
- Sieger ist die Mannschaft, die zuerst ihr Puzzle fertig hat.

Heintz/Heintz · Endlich bin ich ein Schulkind! · Best.-Nr. 044
© Brigg Verlag KG, Friedberg

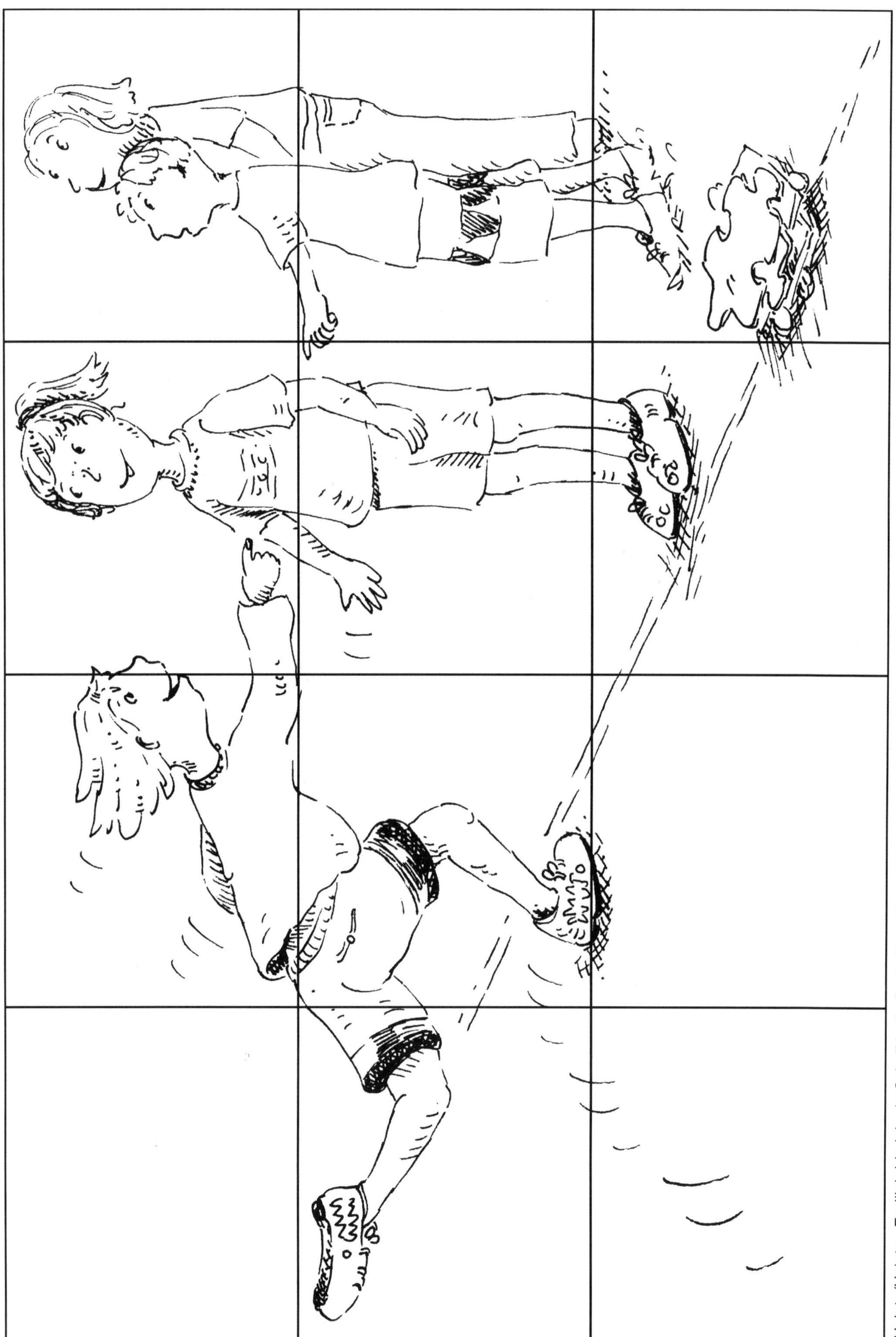

Heintz/Heintz · Endlich bin ich ein Schulkind! · Best.-Nr. 044
© Brigg Verlag KG, Friedberg

6.2 Legebücher basteln

Kinder im Vorschulalter mögen Bücher, sie wollen bald lesen lernen und schauen sich derweil gern die Bilder an. Die folgenden Legebücher können die Kinder selbst basteln und ausmalen, sie werden also schon vor dem Legen viel Spaß daran haben. Wenn das Buch fertig ist, können die lustigsten Bilder gelegt werden: Ein Hasenigel, eine Hundekatze oder auch eine Apfelgurke. Zusammengesetzte Substantive werden so schon ganz von selbst genannt. Aber auch die vollständigen und richtigen Bilder sollten entstehen. Im Spiel lernen und wiederholen die Kinder die Begriffe von Tieren, Obst und Gemüse. Sie kennen deren Farbe, sprechen über die Eigenschaften und bringen dabei eigene Erfahrungen ein.

Das brauchen Sie für jedes Kind:

- die Ausmalvorlagen (siehe Seiten 42 und 43)
- Buntstifte oder Filzstifte
- 1 Schere
- 1 Lineal zum Falzen

Hinweis: Legen Sie zusätzlich einen Tacker bereit.

So wird gebastelt:

- Zuerst malen die Kinder die Illustrationen in den richtigen Farben aus.
- Dann schneiden sie exakt die durchgehenden Linien der Vorlage nach.
- Anschließend falzen die Kinder mithilfe eines Lineals die gestrichelten Linien.
- Nun werden alle einzelnen Karten aufeinandergelegt, und zwar so, dass sich der Falz links befindet und das Bild oben ist.
- Helfen Sie nun den Kindern, indem Sie 2 bis 3 Klammern so in den Falz tackern, dass sich das Legebuch gut blättern lässt.

Heintz/Heintz · Endlich bin ich ein Schulkind! · Best.-Nr. 044
© Brigg Verlag KG, Friedberg

Ich bastle ein lustiges Tier-Legebuch

Heintz/Heintz · Endlich bin ich ein Schulkind! · Best.-Nr. 044
© Brigg Verlag KG, Friedberg

Ich bastle ein lustiges Obst-und-Gemüse-Legebuch

Heintz/Heintz · Endlich bin ich ein Schulkind! · Best.-Nr. 044
© Brigg Verlag KG, Friedberg

6.3 Pantomimespiel: Ich verrate nichts!

Ohne Worte und Requisiten stellen die Kinder Szenen aus ihrem Erfahrungsbereich nach. Dabei ist es erforderlich, dass sie diese so präzise wie möglich in Mimik und Gestik „formulieren", denn die Zuschauer sollen die entsprechenden Tätigkeiten erraten. Es ist möglich, dass auch die entsprechenden Berufe genannt und über die Aufgaben dieser Menschen gesprochen wird.

Das brauchen Sie für ein Spiel:

- die Tätigkeitskarten von Seite 45

So wird gespielt:

- Schneiden Sie die Tätigkeitskarten aus und laminieren diese bei Bedarf.
- Alle Karten werden auf einem Tisch verteilt.
- Soll das Spiel für die Kinder leicht zu spielen sein, legen Sie die Bilder sichtbar auf, dann kann sich der „Schauspieler" die Tätigkeit auswählen.
- Das Spiel wird schwerer, wenn das Kind die Karte losen muss.
- Nur der Darsteller allein darf sich die Tätigkeitskarte (z. B. einkaufen) ansehen. Jetzt stellt er sich auf die „Bühne" und beginnt, pantomimisch die Tätigkeit nachzuspielen (z. B. anziehen, Korb tragen, aus den Regalen die Einkäufe holen, bezahlen).
- Die anderen Kinder erraten die gespielte Tätigkeit. Derjenige, der als Erster die Lösung weiß, ist der nächste Darsteller und darf sich eine Karte nehmen.

Heintz/Heintz · Endlich bin ich ein Schulkind! · Best.-Nr. 044
© Brigg Verlag KG, Friedberg

Heintz/Heintz · Endlich bin ich ein Schulkind! · Best.-Nr. 044
© Brigg Verlag KG, Friedberg

6.4 Fünf Klatschspiele, die Spaß machen

Die Kinder stehen sich paarweise gegenüber. Folgende Bewegungen begleiten jede Zeile: Die Kinder klatschen vor der Brust einmal in die Hände. Dabei wird schon die erste Silbe gesprochen. Nun überkreuzt die rechte Hand die Körpermitte und berührt mit der Handfläche die rechte Hand des Kindes gegenüber. Wieder folgt ein Klatschen vor der eigenen Brust. Die linke Hand überkreuzt die Mitte und trifft sich mit der linken Hand des Partners. Als Zwischentakt wird wieder selbst in die Hände geklatscht. Zuletzt berühren die Kinder mit beiden Handflächen die des Gegenübers dreimal. Dazu wiederholen sie das jeweils letzte Wort der Zeile.

Im Garten wächst ein Baum, Baum, Baum,
der hängt noch voller Pflaum, Pflaum, Pflaum.
Dort ist ein Wurm zu Haus, Haus, Haus,
denkt: „Hier zieh´ ich bald aus, aus, aus!“
Er winkt noch mal zum Gruß, Gruß, Gruß,
sonst ist er mit im Mus, Mus, Mus.

Die kleine Spinne Fips, Fips, Fips,
trägt ´nen karierten Schlips, Schlips, Schlips
und ein gestreiftes Hemd, Hemd, Hemd,
die Haare fein gekämmt, kämmt, kämmt.
Doch Schuhe braucht Fips acht, acht, acht,
das hat er nicht bedacht, dacht, dacht.

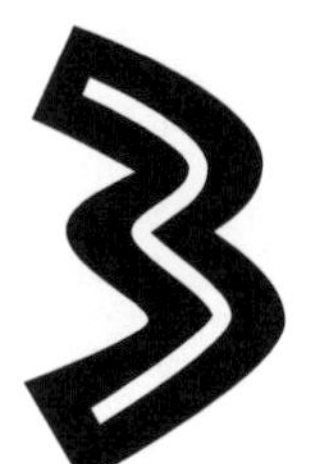

Im Sessel liegt mein Hund, Hund, Hund,
zufrieden, dick und rund, rund, rund.
Er schläft den ganzen Tag, Tag, Tag,
weil er nicht laufen mag, mag, mag.
Den Knochen fest im Maul, Maul, Maul,
so liegt er müd´ und faul, faul, faul.

In dem Schlaraffenland, land, land,
da hat es mal gebrannt, brannt, brannt.
Dort kommt die Feuerwehr, wehr, wehr,
auf Kuchenstraßen her, her, her.
Sie löscht den Brand mit Saft, Saft, Saft,
bald haben sie´s geschafft, schafft, schafft.

Der Ritter Rübenstein, stein, stein,
der wollt gern größer sein, sein, sein.
Er setzt sich auf ein Ross, Ross, Ross
und reitet durch sein Schloss, Schloss, Schloss.
Mit Pferd geht er zu Bett, Bett, Bett,
denkt: „Groß sein ist doch nett, nett, nett!“

Heintz/Heintz · Endlich bin ich ein Schulkind! · Best.-Nr. 044
© Brigg Verlag KG, Friedberg

Regenwetter macht mir nichts aus!

Ich lasse es ganz doll regnen und zeichne viele Regentropfen.

Heintz/Heintz · Endlich bin ich ein Schulkind! · Best.-Nr. 044
© Brigg Verlag KG, Friedberg

Ich teste meine Stifte

Bleistift

Filzstift

Buntstift

Markierstift

Füllhalter

Fineliner

Heintz/Heintz · Endlich bin ich ein Schulkind! · Best.-Nr. 044
© Brigg Verlag KG, Friedberg

Ein Blumentopf für schöne Pflanzen

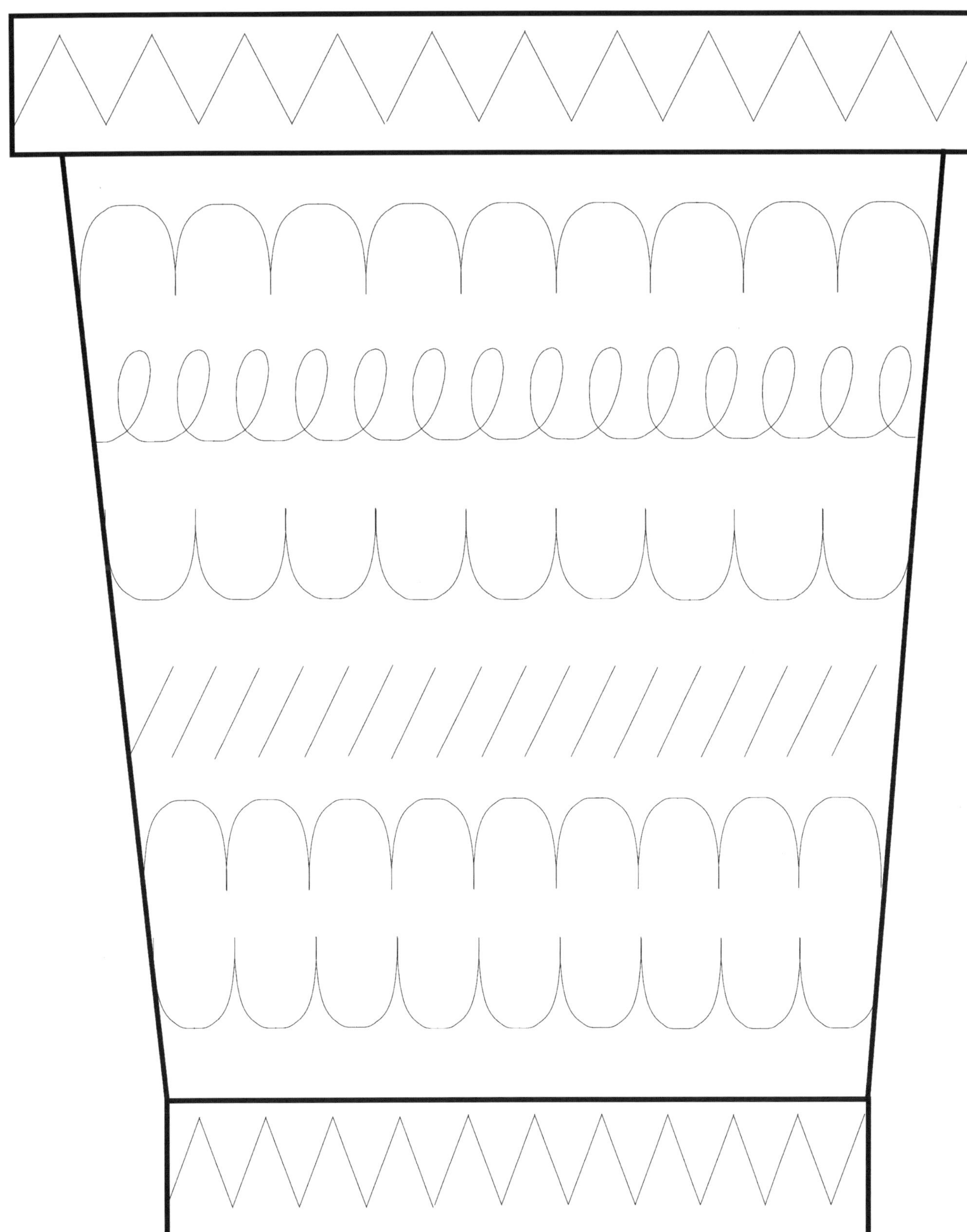

Heintz/Heintz · Endlich bin ich ein Schulkind! · Best.-Nr. 044
© Brigg Verlag KG, Friedberg

Was alles fliegen kann

Heintz/Heintz · Endlich bin ich ein Schulkind! · Best.-Nr. 044
© Brigg Verlag KG, Friedberg

Heintz/Heintz · Endlich bin ich ein Schulkind! · Best.-Nr. 044
© Brigg Verlag KG, Friedberg

Wettlauf der Tiere

Ihr Pädagogik-Partner!

Elisabeth Nowak

Miteinander Schule leben

Demokratie erleben und Werte erlernen

Ein Praxishandbuch

148 S., DIN A4
Ideen für die Praxis
Best.-Nr. 007

Das Praxishandbuch nimmt **Demokratie – verstanden als Lebensform und soziale Idee** – als pädagogische Aufgabe in den Blick und gibt Antworten auf folgende Fragen: Wie kann eine nachhaltige Werte-Erziehung an der Schule stattfinden? Wie können Grundschulkinder die für die Entwicklung ihrer Mündigkeit nötigen **Schlüsselkompetenzen** und demokratischen Fähigkeiten erwerben? Mit **motivierenden Anregungen** und **zahlreichen durchdachten Materialien**.

Otto Heigold

Zeichnen zwischen 4 und 14

Eine phantasievolle Reise zum Bildplaneten

140 S., DIN A4, 292 Farbfotos
Ideen für die Praxis
Best.-Nr. 025

Zeichnen begreifbar machen, durch Denken, Erleben und Tun! Alle **Aufgabenbeispiele** sind sehr übersichtlich formuliert und nach dem gleichen Muster aufgebaut, mögliche Werkzeuge, Materialien und Arbeitsplätze anschaulich beschrieben. Die Aufgaben können problemlos in der Klasse umgesetzt werden, da alle Materialien sehr preisgünstig oder kostenlos verfügbar sind.

Cornelia Maria Trentl

Jumpys Bewegungskartei

Spielideen für eine lebendige Pause

87 Karteikarten, DIN A5,
stabiler Karton
Best.-Nr. 028

Die Kartei besteht aus 87 kindgerecht gestalteten Karteikarten mit ausgewählten Spielideen zur Förderung verschiedenster sportlicher Fertigkeiten. Die Karteikarten sind im DIN-A5-Format einseitig bedruckt. Sie werden von den Kindern für die Pausen ausgeliehen und nach dem Spielen wieder zurückgebracht. Leitfigur ist der Hase Jumpy, der die Kinder bei all ihren Spielen begleitet. Die Spielanweisungen sind kindgerecht formuliert und der Materialaufwand für die Spiele ist gering.

Michael Junga

Die kleine Wahrnehmungsschule

40 Übungen für Kindergarten und Vorschulkinder

60 S., DIN A4
Kopiervorlagen mit Lösungen
Best.-Nr. 032

Mit diesen Aufgaben üben die Kinder ihre Wahrnehmung in **40 Kopiervorlagen** mit sehr unterschiedlichen Motiven. Die jeweiligen Aufgaben werden in vier **unterschiedlichen Schwierigkeitsstufen** angeboten und lassen sich deshalb sehr gut im Rahmen einer **inneren Differenzierung** einsetzen. Durch die Bearbeitung der Aufgaben stärken die Kinder ihre **visuelle Wahrnehmungskompetenz** sowie ihre allgemeine Konzentrationsfähigkeit. Die Aufgaben sind sehr gut für den Zwischeneinsatz geeignet, da sie die Kinder zur **Konzentration** und zur **inneren Ruhe** bringen.

Bestellcoupon

Ja, bitte senden Sie mir / uns mit Rechnung

_____Expl. Best.-Nr. ____________________

_____Expl. Best.-Nr. ____________________

_____Expl. Best.-Nr. ____________________

Meine Anschrift lautet:

Name / Vorname

Straße

PLZ / Ort

E-Mail

Datum/Unterschrift Telefon (für Rückfragen)

Bitte kopieren und einsenden/faxen an:

Brigg Verlag
Franz-Josef Büchler KG
Beilingerstr. 21
86316 Friedberg

Bequem bestellen per Telefon / Fax:
Tel.: 0 89 / 61 38 71 16
Fax: 0 89 / 61 38 71 20
Online: www.brigg-verlag.de